AF321300

ELS ARDOUIN
2013

Principes élémentaires
de la
Théorie et Pratique
DE LA MUSIQUE,

Dédiés à l'Enfance,
par
J. J. BOËLL,

Professeur de Chant, à Chalon-sur-Saône.

Imp. Lith. de **J. DEJUSSIEU**, à Chalon s/s.
1843

Introduction.

À une époque où l'instruction est, sans contredit, le premier besoin de la société, ou elle va être répandue dans toutes les classes, La Musique, cette langue universelle, qui met en mouvement toutes les affections de l'ame, ne pouvait certainement pas rester en arrière.

Cette nécessité n'a pas échappé a messieurs les administrateurs de cette ville. Aussi ai-je voulu les seconder par une méthode dédiée a l'enfance, ou sont renfermés les principes élémentaires de la musique, qui pourront lui être appliquée, jusqu'a ce qu'elle puisse comprendre les — méthodes savantes.

La fin de cette méthode renferme quelques morceaux, tirés du solfège Rodolphe, versé a la caisse publique.

Tous les exemplaires sont signés par l'auteur.

D.   Qu'est-ce que la Musique ?
R.   C'est un art agréable qui est exprimé par des sons.
D.   À quoi sert la Musique ?
R.   À développer nos facultés intellectuelles.
D.   Quel est l'organe nécessaire à la Musique ?
R.   C'est l'oreille comme étant le seul juge suprême dans cet art.
D.   Quel est l'effet que produit la Musique sur nos sens ?
R.   C'est de nous faire éprouver diverses sensations analogues à ce qu'elle exprime.

De la Portée.

D.   Qu'est-ce que la Portée ?
R.   C'est un assemblage de cinq lignes parallèles tracées horizontalement et qui renferment quatre interlignes.
D.   Comment compte-t-on ces lignes et interlignes ?
R.   Du bas en haut.

Exemple de la Portée.

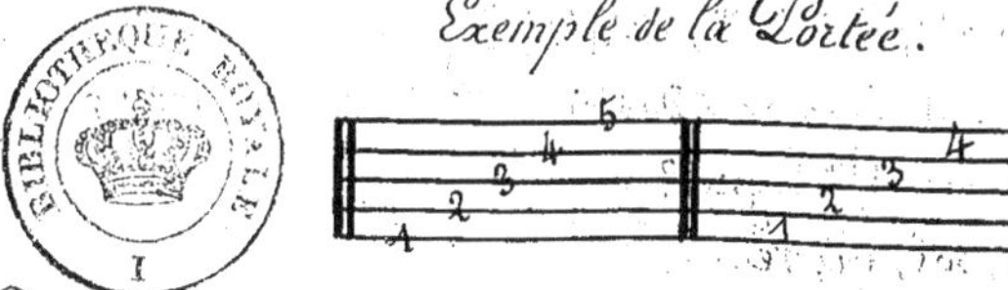

D.   Quels sont les signes qui se rattachent à la Portée ?
R.   Ce sont les cléfs.
D.   Combien y a-t-il de Cléfs ?
R.   Trois, la clef de fa, la Clef de sol et la Clef de do.

1842

D.   Quelle est la Clef la plus usitée ?

R.   C'est la Clef de Sol.

D.   Sur quelle ligne pose-t-on la Clef de Sol?

R.   Sur la deuxième ligne.

D.   A quoi sert une Clef?

R.   A donner son nom à la ligne sur laquelle elle est placée.

D.   Quels sont les noms des cinq lignes de la clef de Sol?

R.   mi, sol, si, ré, fa.

D.   Quels sont les noms des quatre interlignes?

R.   fa, la, do, mi.

D.   Sur quelle ligne pose-t-on la Clef de fa?

R.   Sur la quatrième ligne.

D.   Quels sont les noms des cinq lignes de la clef de fa?

R.   Sol, si, ré, fa, la.

D.   Quels sont les noms des quatre interlignes?

R.   la, do, mi, sol?

D.   Sur quelle ligne pose-t-on la clef de do?

R.   Sur les 1ère, 2ème, 3ème, et 4ème lignes.

D.   Quels sont les noms des cinq lignes de la Clef de do placée sur la 1ère ligne?

R.   Do, mi, sol, do, ré.

D.   Quels sont les noms des quatre interlignes?

R.   ré, fa, la, do.

D.   La même marche a-t-elle lieu sur les clefs de do

placées sur les trois autres lignes?

R.   Oui.

Exemples des trois sortes de Clefs et les noms
de chaque ligne et interligne).

Clef de do sur la 1ère Ligne.

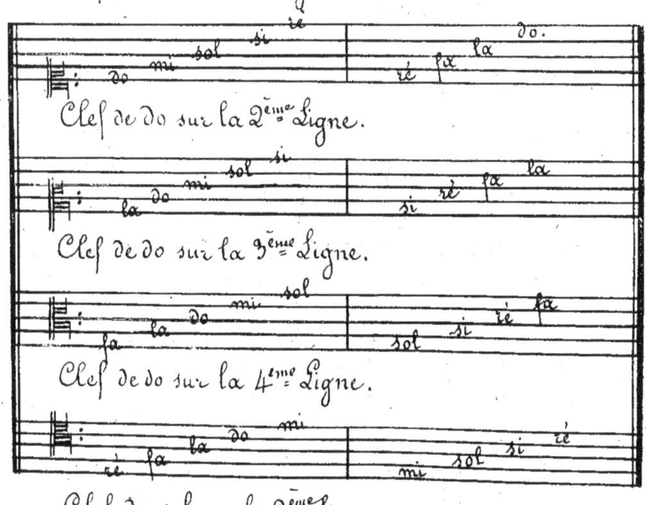

Clef de do sur la 2ème Ligne.

Clef de do sur la 3ème Ligne.

Clef de do sur la 4ème Ligne.

Clef de sol sur la 2ème Ligne

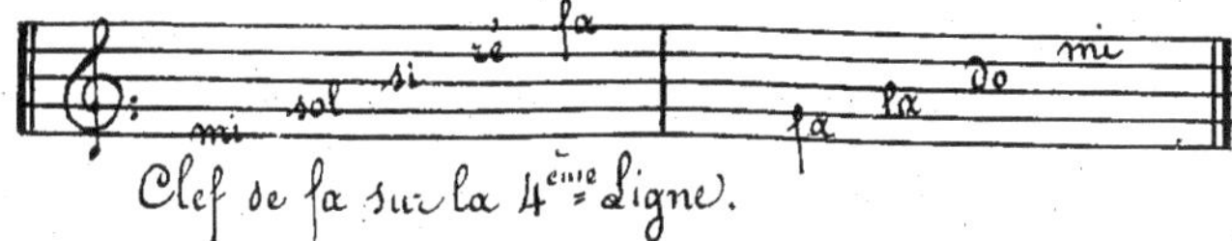

Clef de fa sur la 4ème Ligne.

Des figures en général pour écrire la Musique.

D.   Quelles sont les figures employées pour écrire la musique ?

R.   Ce sont sept figures différentes que l'on nomme notes.

D.   Comment sont-elles représentées ?

R.   La première comme un anneau, la deuxième comme un anneau avec une queue, la troisième comme un point avec une queue, la quatrième comme une noire avec un crochet, la cinquième comme une noire avec deux crochets, la sixième comme une noire avec trois Crochets, et la septième comme une noire avec quatre crochets.

D.   Y-a-t-il d'autres figures que les sept dont il est parlé ?

R.   Oui, outre ces figures il existe des silences qui y sont équivalents.

D.   Les sept figures que l'on nomme notes n'ont-elles pas chacune un nom particulier ?

R.   Oui, la 1ère se nomme Ronde ou entière la 2ème Blanche ou Moitié, la 3ème noire ou quart, la 4ème Croche ou huitième, la 5ème double-croche ou seizième, la 6ème triple croche ou trente-deuxième et la 7ème quadruple croche ou soixante-quatrième.

D.   Les silences n'ont-ils pas aussi chacun un nom particulier ?

R.   Oui, le premier silence se nomme Pause et équivaut à la Ronde, le 2ème demi-Pause, équivaut à la Blanche

Le troisième se nomme Soupir et équivaut à la Noire; le
quatrième se nomme demi-soupir et équivaut à la Croche;
le cinquième se nomme quart de soupir et équivaut à la
double Croche; le sixième se nomme huitième de soupir, et
équivaut à la triple croche; le septième se nomme seizième
de soupir, et équivaut à la quadruple.

Exemple des sept notes et de leurs signes
équivalents.

Ronde.

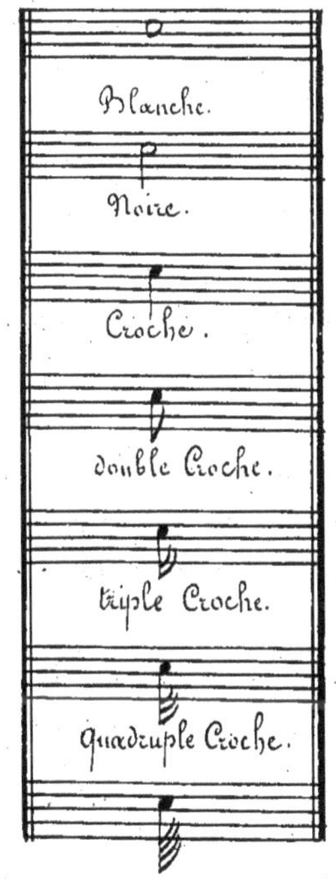

Pause.

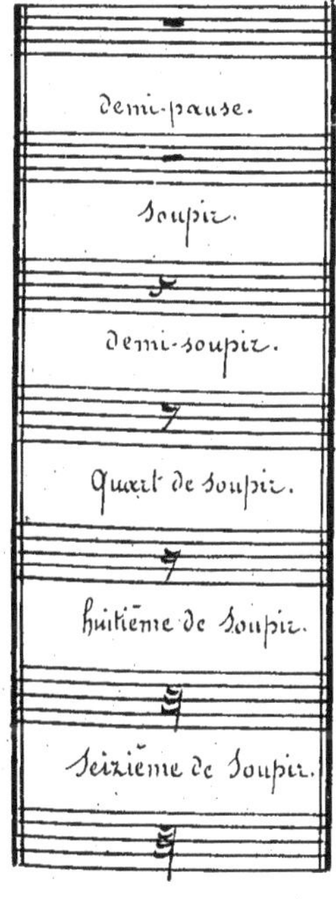

De la Mesure.

D.   Que faut-il savoir avant d'exécuter les notes?

R.   La Mesure.

D.   Qu'est-ce que la Mesure?

R.   C'est la division de la durée des notes ou des silences en plusieurs parties égales que l'on nomme tems, et qui sont renfermés entre deux petites barres Verticales.   Exemple.

D.   Combien y en a-t-il d'usitées?

R.   trois simples et trois composées.

D.   Quelles sont les trois mesures simples?

R.   La mesure à quatre tems qui se marque par deux chiffres; 4 placés l'un sous l'autre, ou par la lettre C. La mesure à deux tems qui se marque par le chiffre 2 avec un 4 dessous ou par un C barré. la mesure à trois tems qui se marque par un 3 et un 4 dessous.

D.   Quelles sont les trois mesures composées?

R.   La mesure à douze huit qui se marque par le chiffre 12 et le chiffre 8 dessous. La mesure à six huit qui se marque par le chiffre 6 et le chiffre 8 dessous. La mesure à trois huit qui se marque par un 3 et un 8 dessous.

D.   Où place-t-on les signes indicateurs de la Mesure?

R.   Après la clef de sol, au commencement de la première portée de chaque morceau.

Exemple des mesures simples.

Exemple des mesures Composées.

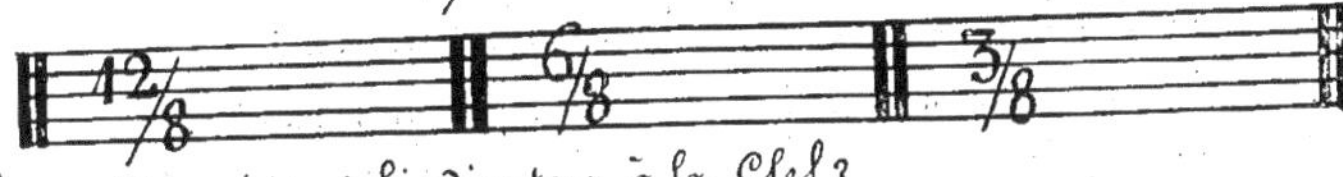

D.   A quoi sert l'indicateur à la Clef ?

R.   A marquer dans chaque mesure le nombre de notes ou de silences qui s'y trouvent renfermés par les deux petites barres verticales.

D.   toutes les cases formées dans la portée par les deux barres verticales sont-elles des Mesures ?

R.   Oui.

Exemple de la portée divisée par des lignes Verticales.

D.   De quelle manière ce partage a-t-il lieu dans la mesure à 4 tems ?

R.   Par l'emploi de quatre chiffres, 1, 2, 3, 4, qui sont nommés tems de la mesure et qui sont marqués par un mouvement du pied ou de la main.

D.   De quelle manière se font ces mouvemens ?

R.   Le premier en frappant, le second à gauche, le troisième à droite et le quatrième en levant.

D.   De quelle manière ce partage a-t-il lieu dans la mesure à deux tems ?

R.   Par l'emploi de deux chiffres 1, 2, qui sont nommés tems de la mesure et qui sont marqués par un mouvement du pied où de la main.

D. De quelle manière se font ces mouvements ?

R. Le premier en frappant et le second en levant.

D. De quelle manière ce partage a-t-il lieu dans la mesure à trois tems ?

R. Par l'emploi de trois chiffres 1, 2, 3, qui sont nommés tems de la mesure et qui sont marqués par un mouvement du pied où de la main.

D. De quelle manière se font ces mouvements ?

R. Le premier en frappant, le second à droite; et le troisième en levant.

D. Les mêmes mouvements ont-ils lieu dans les mesures composées, comme dans les mesures simples ?

R. Oui.

D. Les mesure composées prennent-elles les mêmes notes que les mesures simples ?

R. Non, elles prennent des notes pointées.

D. Que fait donc un point après une note ou un silence quelconque ?

R. Il augmente la note où le silence de la moitié de sa valeur.

D. Peut-on placer deux points après une note ou un silence ?

R. Oui.

D. Quel en est l'effet.

R. D'augmenter la note où le silence de la moitié de la valeur de celle du premier.

D. Que vaut alors une ronde pointée ?

R.   Trois blanches.

D.   Que vaut une blanche avec un point?

R.   Trois noires.

D.   Que vaut une noire avec un point?

R.   Trois croches

D.   Que vaut une croche avec un point?

R.   Trois doubles croches.

D.   Que vaut une double avec un point?

R.   Trois triples croches.

D.   Que vaut une triple croche avec un point?

R.   Trois quadruples croches.

D.   Que vaut une blanche avec deux points?

R.   Une blanche une noire et une croche.

D.   Que vaut une noire avec deux points?

R.   Une noire une croche et une double croche.

D.   Que vaut une croche avec deux points?

R.   Une croche, une double croche et une triple croche.

D.   Que vaut une double croche avec deux points?

R.   Une double croche, une triple croche, et une quadruple croche.

Tableau des notes accompagnées d'un point.

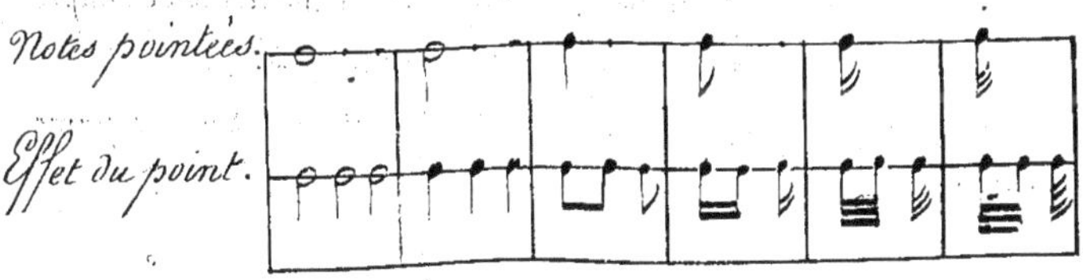

Notes pointées.

Effet du point.

Tableau des notes accompagnées de deux points.

Notes pointées.

Effet du second point.

D. Que vaut une pause avec un point ?

R. Une pause et une demi-pause.

D. Que vaut une demi-pause avec un point ?

R. Une demi-pause et un soupir.

D. Que vaut un soupir avec un point ?

R. Un soupir et un demi-soupir.

D. Que vaut un demi-soupir avec un point ?

R. Un demi-soupir et un quart de soupir.

D. Que vaut un quart de soupir avec un point ?

R. Un quart de soupir et un huitième de soupir.

D. Que vaut un huitième de soupir avec un point ?

R. Un huitième de soupir et un seizième de soupir.

D. Que vaut une demi-pause avec deux points ?

R. Une demi-pause, un soupir et un demi-soupir.

D. Que vaut un soupir avec deux points ?

R. Un soupir, un demi-soupir, et un quart de soupir.

D. Que vaut un demi-soupir avec deux points ?

R. Un demi-soupir, un quart de soupir et un huitième de soupir.

D. Que vaut un quart de soupir avec deux points ?

R. Un quart de soupir, un huitième de soupir et un seizième de soupir.

Tableau des silences accompagnés d'un point.

silences pointés.

Effet du second point

Tableau des silences accompagnés de deux points

silences pointés.

Effet du second point.

Exemples des signes employés à marquer les tems de la mesure.

D.   Quelles sont les notes qui construisent la mesure à quatre tems?

R.   La ronde, ou deux blanches, ou quatre noires, ou huit croches, ou seize doubles croches, ou trente-deux triples croches, ou soixante-quatre quadruples croches.

D.   Quelles sont les notes qui construisent la mesure à deux tems?

R.   La blanche, ou deux noires, ou quatre croches, ou huit doubles croches, ou seize triples croches, ou trente-deux quadruples croches.

D.   Quelles sont les notes qui construisent la mesure à trois quatre?

R.   La blanche pointée, ou trois noires, ou six croches, ou douze doubles croches, ou vingt-quatre triples croches, ou quarante-huit quadruples croches.

D.   Quelles sont les notes qui construisent la mesure à douze huit?

R.   Une ronde pointée, ou trois blanches, ou six noires, ou douze croches, ou vingt-quatre doubles croches, ou quarante-huit triples croches, ou quatre-vingt-seize quadruples croches.

D.   Quelles sont les notes qui construisent la mesure à six huit?

R.   La blanche pointée, ou trois noires ou six croches, ou douze doubles croches, ou vingt-quatre triples croches, ou quarante-huit quadruples croches.

D.   Quelles sont les notes qui construisent la mesure à trois huit?

R.   La noire pointée, ou trois croches, ou six doubles croches,

Exemple des mesures simples et composées, renfermant
la note qui marque la valeur des tems de la mesure.

Mesure simple à 4
tems avec une Ronde.

Mesure simple à **2**
tems avec une blanche.

Mesure simple à **3**
tems avec une blanche
pointée.

Mesure composée
à 4. tems avec
une ronde pointée.

Mesure composée
à 2 tems avec
une blanche pointée.

Mesure composée
à 3 tems avec
une noire pointée.

Tableau de la Valeur des notes.
La ronde vaut 2 blanches 4 Noires ou 8 croches   ou 16 doubles croches.

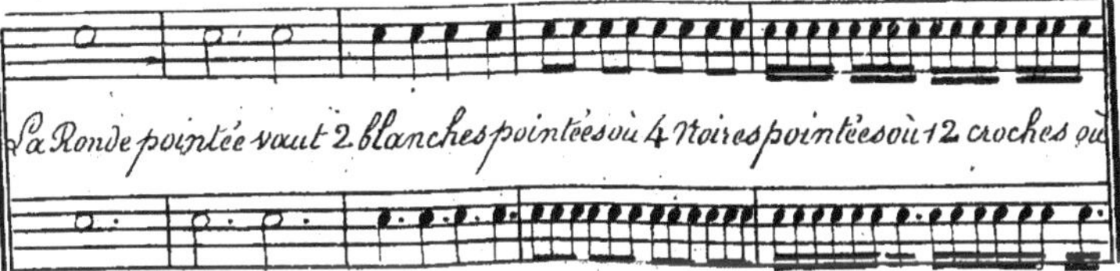

La Ronde pointée vaut 2 blanches pointées ou 4 Noires pointées ou 12 croches ou

24 doubles Crochés.

La blanche vaut 2 Noires où 4 croches où 8 doubles croches.

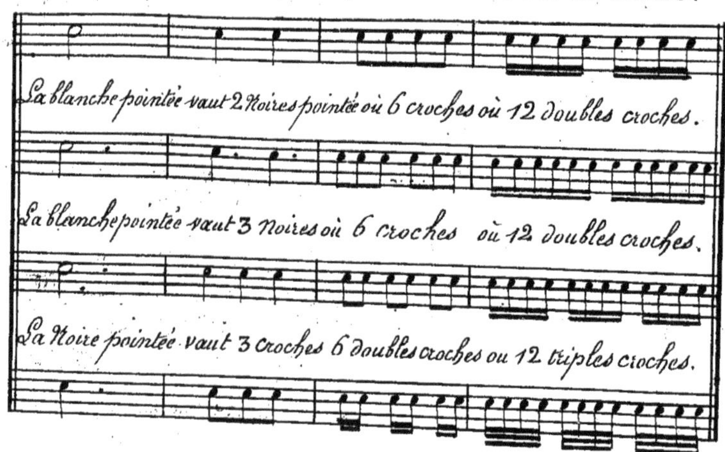

La blanche pointée vaut 2 Noires pointée où 6 croches où 12 doubles croches.

La blanche pointée vaut 3 Noires où 6 croches où 12 doubles croches.

La Noire pointée vaut 3 croches 6 doubles croches ou 12 triples croches.

Du Triolet.

D. Qu'est-ce qu'un tems composé ?

R. C'est la réunion de trois où de six notes qui forment un tems de la mesure.

D. N'a-t-il pas un nom particulier ?

R. Oui, on le nomme aussi triolet.

D. Combien y-a-t-il de triolet ?

R. Deux, le triolet simple et le triolet double.

D. Qu'est-ce que le triolet simple ?

R. C'est celui qui est composé de trois notes.

D. Qu'est-ce que le triolet double ?

(15.)

R.   C'est celui qui est composé de six notes.

D.   N'ont-ils pas un signe particulier?

R.   Oui, on les surmonte ordinairement du chiffre 3, ou du chiffre 6.

D.   Dans quelles mesures existent-ils?

R.   Dans toutes les mesures.

D.   Peut-on former une mesure avec des tems simples et des triolets?

R.   Oui.

D.   Comment sera-t-elle exécutée?

R.   Les deux premières notes du triolet seront faites sur la première note du tems simple, et la troisième note du triolet sur la
seconde du tems simple.

D.   Un silence mêlé avec deux notes équivalentes ne devient-il
pas un triolet?

R.   Oui, la valeur en est la même.

Tableau,

des tems triolets et   des tems simples.

3 3 3 3

3   3

6   6   6

Effet des triolets sur les tems simples.

De la Syncope.

D. N'existe-t-il pas d'autres tems, que les tems simples et les tems composés ?

R. Oui, il y a les tems syncopés.

D. Qu'est ce que la syncope ?

R. C'est la prolongation d'une note sur une autre.

D. Combien y a-t-il de sortes de syncopes ?

R. Deux, la syncope prolongée et la syncope brisée.

D. Comment est formée la syncope prolongée ?

R. Par deux notes quelconques qui sont liées ou prolongées d'une mesure, à un des tems de la mesure suivante.

D. Comment est formée la syncope brisée ?

R. Par la prolongation d'une valeur ou note, sur une autre qui est moindre qu'elle.

Tableau des Syncopes,

Prolongées   et   Liées.

Noms des cinq lignes de la Portée.

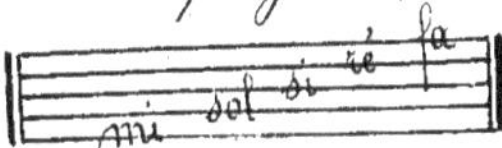

Tableau pour apprendre à nommer les notes placées
sur les lignes de la Portée.

Noms des quatre interlignes.

Tableau pour apprendre à nommer les notes placées
dans les interlignes de la Portée.

Tableau réunissant les notes placées sur les lignes
et sur les interlignes.

D.	N'y a t-il pas des notes placées au dessus et au dessous de la portée ?

R.	Oui.

D.	Sur quoi les place-t-on ?

R.	Sur des lignes Supplémentaires.

Tableau des lignes supplémentaires placées au dessous et au dessus de la portée.

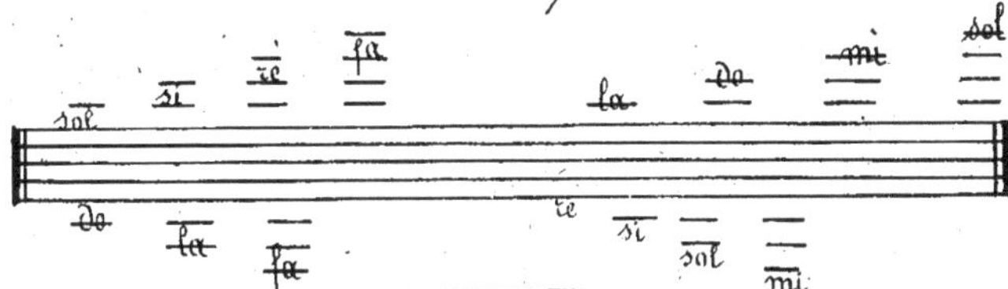

Tableau et exercices des notes placées dans les lignes supplémentaires.

De la clef d'Octave.

D.   Ne pourrait-on pas éviter l'effet confus des lignes supplé-mentaires ?

R.   Oui en surmontant les notes du chiffre 8, avec un trait qui marque que l'exécution à lieu à l'octave supérieure.

D.   Comment nomme-t-on ce 8 suivi du trait ?

R.   Clef d'octave

D.   Où se termine ce trait ?

R.   Au mot Loco.

D.   La clef d'octave n'est elle employée que dans ce cas là ?

R.   Non, elle sert encore à baisser d'une octave les notes placées dans les lignes supplémentaires au dessous de la portée.

D.   Où place-t-on la clef d'octave dans le dernier Cas ?

R.   Au dessous de la portée.

Exemple de la clef d'Octave.

Noms des cinq lignes de la portée de la clef de fa.

Tableau pour apprendre à nommer les notes placées sur les lignes.

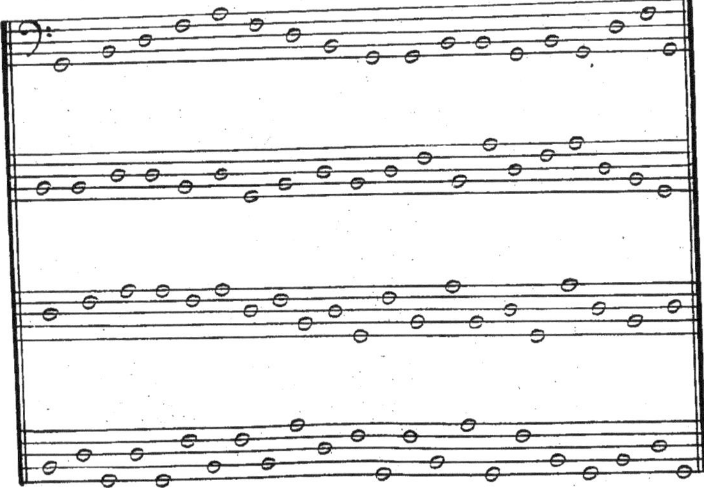

Noms des quatre interlignes de la portée de la clef de fa.

Tableau pour apprendre à nommer les notes placées dans les interlignes.

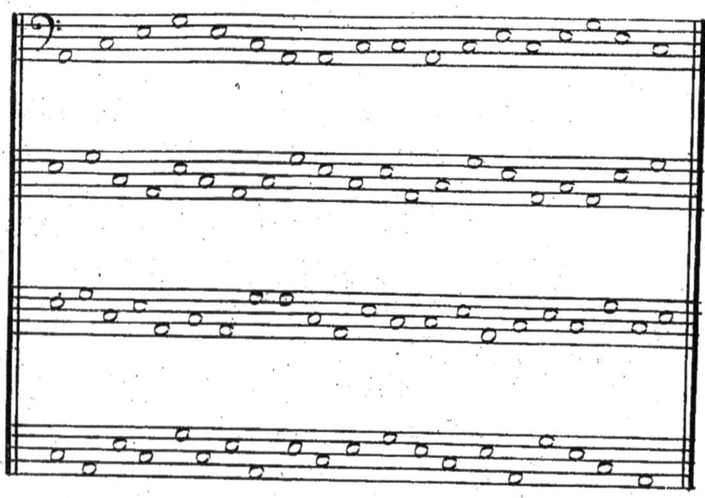

Tableau réunissant les notes placées sur les cinq lignes et dans les quatre interlignes.

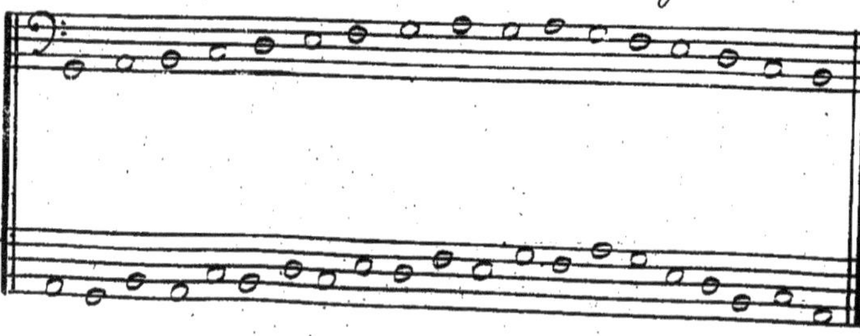

Noms des cinq lignes de la Portée de la clef de Do, —
placée sur la première ligne.

Tableau pour apprendre à nommer les notes placées
sur les lignes.

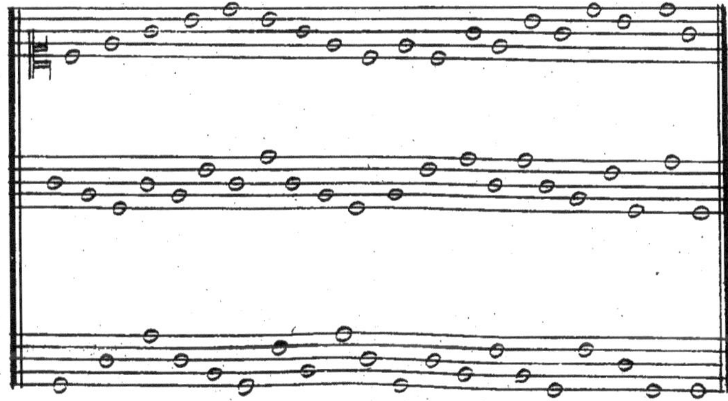

Noms des quatre interlignes de la portée de la de Do;
placée sur la première ligne.

Tableau pour apprendre à nommer les notes placées
dans les interlignes.

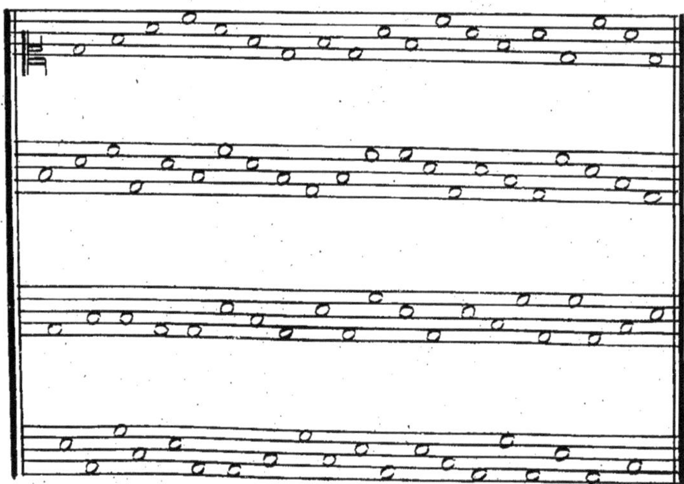

Tableau réunissant les notes placées sur les lignes et dans les interlignes.

Noms des lignes de la Portée de la clef de Do, placée sur la seconde Ligne.

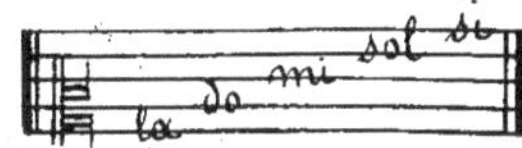

Tableau pour apprendre à nommer les notes placées sur les lignes.

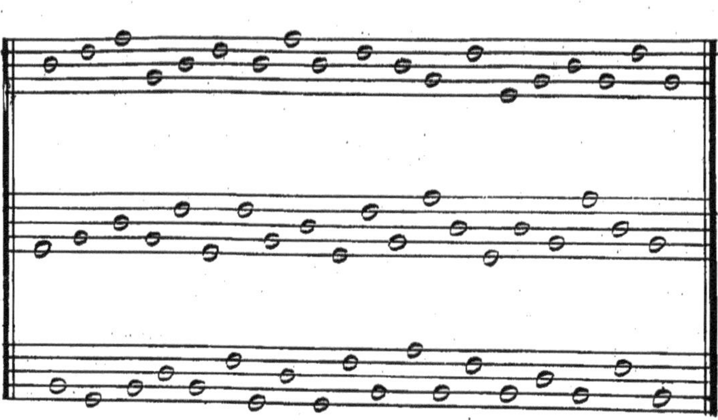

Noms des interlignes de la Portée de la clef de Do,
placée dans la deuxième ligne.

Tableau pour apprendre à nommer les notes placées
dans les interlignes.

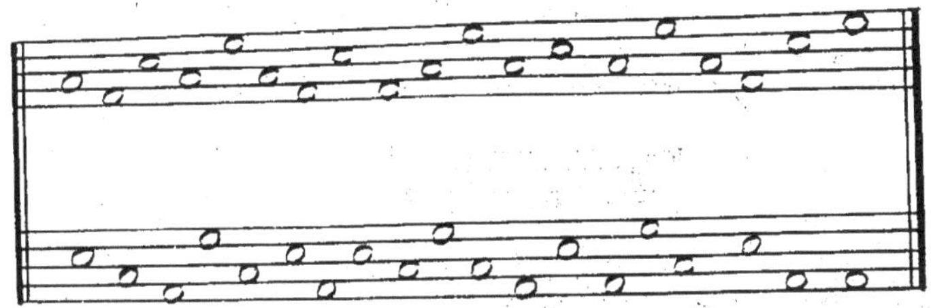

Tableau réunissant les notes placées sur les cinq
et dans les quatre interlignes.

(28.)

Noms des cinq lignes de la Portée de la clef de Do,
placée sur la troisième ligne.

Tableau pour apprendre à nommer les notes placées
sur les lignes.

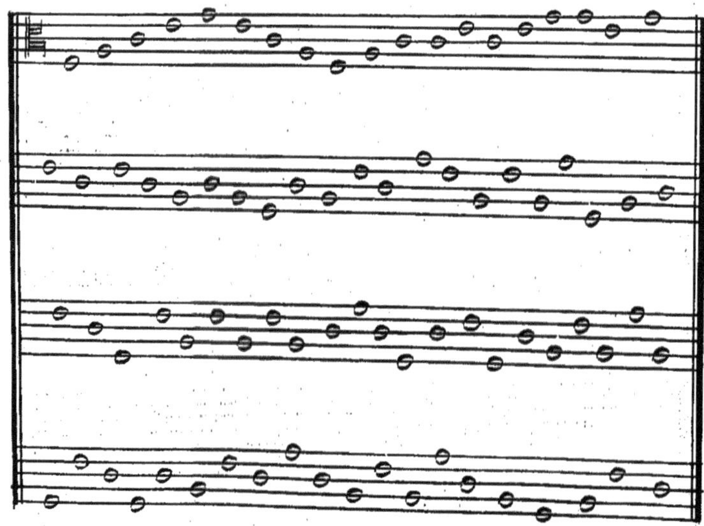

Noms des quatre interlignes de la portée de la clef
de Do, placée sur la troisième ligne.

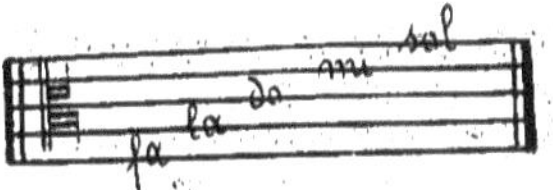

Tableau pour apprendre à nommer les notes placées
sur les lignes de la clef de Do, placée sur la 3ᵉ ligne.

Noms des quatre interlignes de la portée de la clef de
Do, placée sur la 3ᵉ ligne.

Tableau pour apprendre à nommer les notes placées dans les interlignes.

Tableau réunissant les notes placées dans les quatre interlignes et sur les cinq lignes.

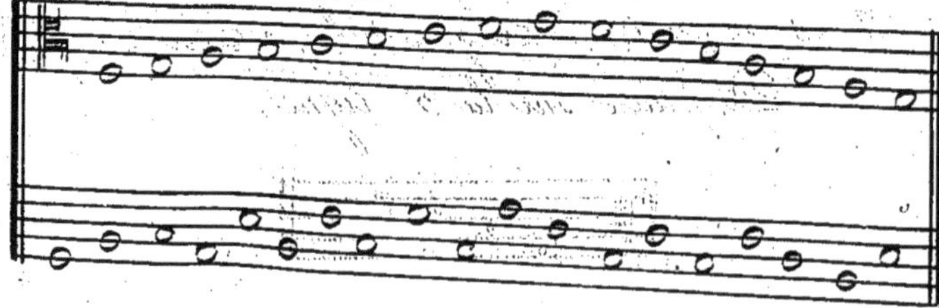

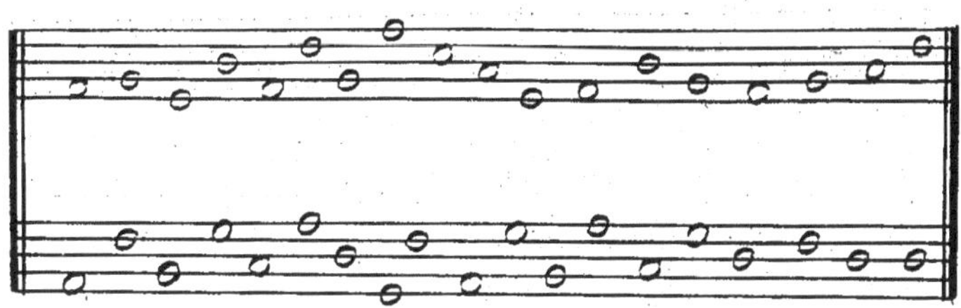

Noms des cinq lignes de la portée de la clef de Do,
placée sur la 4ᵉ ligne.

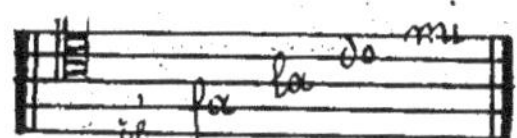

Tableau pour apprendre à nommer les notes placées
sur les lignes.

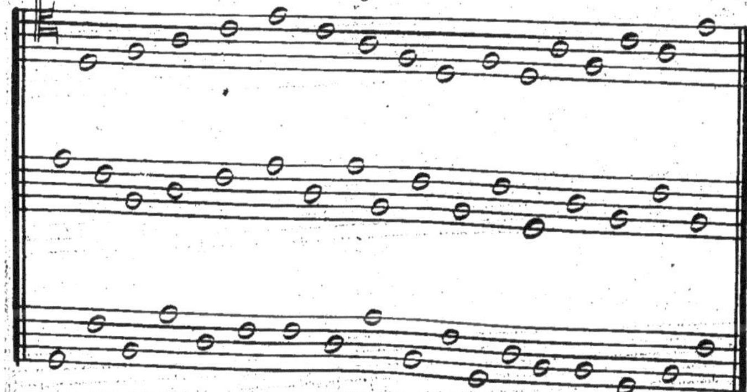

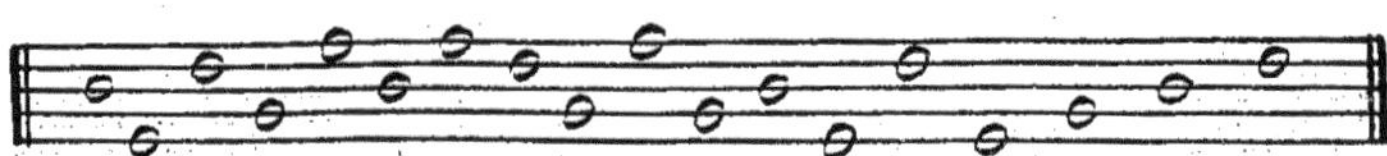

Noms des quatre interlignes de la portée de la clef de
Do, placée sur la 4.ᵉ ligne.

Tableau pour apprendre à nommer les notes placées
dans les interlignes.

Tableau réunissant les notes placées sur les cinq lignes et dans les quatre interlignes.

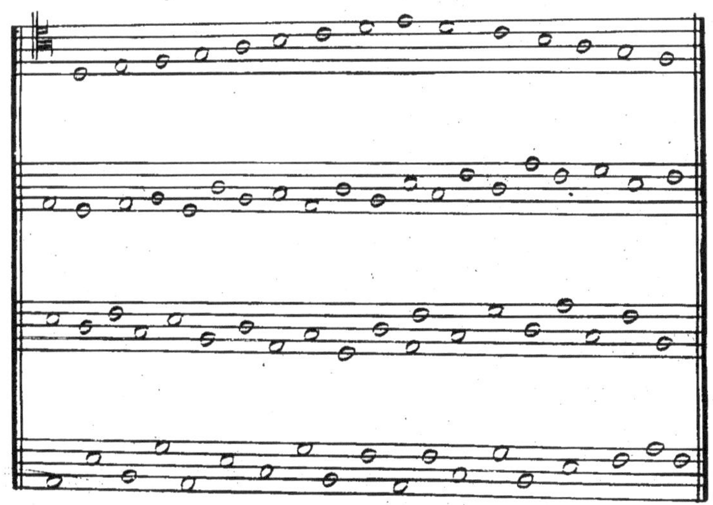

Remarque sur les définitions de l'emploi des Clefs.

D. Quel est le but et l'emploi d'un aussi grand nombre de clefs?

R. Elles servent à pouvoir écrire dans la portée toute l'étendue des sons des Voix et des intrumens depuis les plus graves jusqu'aux plus aigus.

D. Où emploie-t-on la clef de sol?

R. Pour les instrumens aigus, tels que Violon, flûte, clarinette, cor, hautbois etc.... elle sert encore pour les voix de femme et de ténor.

D. La clef de fa (placée sur la 3.ᵉ ligne) dont nous n'avons pas encore parlé est-elle toujours en usage?

R. Non, elle n'est employée que pour la transposition.

D. Où emploie-t-on la clef de fa placée sur la 4.ᵉ ligne?

R. Pour les instrumens graves tels que contrebasse, violoncelle, basson, serpent, etc.... elle sert encore pour les voix graves appelées basse-taille ou baryton.

D. Où emploie-t-on la clef de Do placée sur la 1.ᵉʳᵉ ligne?

R. Pour les voix aigues appelées Soprano, ou premier et second - Dessus. En France cette clef est généralement remplacée par la clef de sol?

D. Où emploie-t-on la clef de Do placée sur la 2.ᵉᵐᵉ ligne?

R. Elle n'est usitée que pour le Cor anglais, et d'une grande utilité pour la transposition.

D. Où emploie-t-on la clef de Do sur la 3.ᵉᵐᵉ ligne?

R. Pour les instrumens mitoyens Alto, trombonne alto etc.. Elle sert encore pour les voix d'homme appelées premier ténor, ainsi que pour les voix graves de femme appelées Contre Alto.

D. Où emploie-t-on la clef de Do placée sur la 4.ᵉᵐᵉ ligne?

R. Pour les solos de Violoncelle et de Basson.

Rapports des Clefs entr'elles.

D. Le Do grave de la Clef de Sol est-il à l'unisson avec le Do de chaque clef placée sur les premiere, 2.ᵉᵐᵉ, 3.ᵉᵐᵉ et 4.ᵉᵐᵉ ligne?

R. Oui.

Effets réels des sons de la gamme notés à toutes les Clefs.

Toutes les notes des clefs de Fa et de Do, sont à l'unisson de leurs correspondantes à la clef de Sol.

Toutes les notes des clefs de Fa et de Do, sont à l'unisson de leurs correspondantes à la clef de sol.

Des signes employés à l'exécution de la Musique

D.   Qu'est-ce que l'accolade ?

R.   C'est un signe qui réunit plusieurs portées d'un morceau.

Exemple 1.2.

D.   Qu'est-ce qu'une reprise ?

R.   C'est une double barre verticale, qui (étant suivie de deux points) indique qu'on doit recommencer la phrase de musique.

Exemple.

D.   Comment est indiqué le mot Fin ?

R.   Par une double barre verticale sans point qui prend le mot fin au dessus.

Exemple.

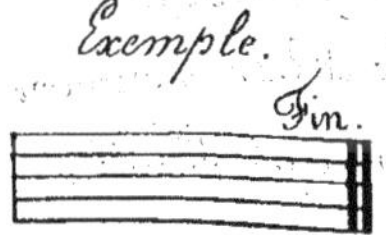

D.   Que signifie le mot Dacapo?

R.   D'aller de la fin au commencement pour terminer le morceau au mot Fin.

D.   A quoi sert un renvoi ?

R.   Au même usage que le Dacapo.

Exemple du Renvoi et du Dacapo.

Dacapo.

D.   Qu'est-ce qu'un point d'Orgue ?

R.   C'est un signe sur lequel on reste à volonté. Il est ordinairement accompagné d'un groupe de Petites notes.

Exemple.

D.   Où place t-on le point d'orgue ?

R.   Sur les notes et sur les silences.

Termes indiquant la Vitesse de chaque morceau.

D.   En combien de classes se divisent les mouvemens ?

R.   En trois principales, savoir : les mouvemens, Graves ou Lents, les mouvemens modérés, et les mouvemens Vifs.

D.   Quels sont les mouvemens Lents ?

R.   Grave _ _ _ _ _ _ _ _ _ _ _ _ Grave et sévère.
Largo _ _ _ _ _ _ _ _ _ _ _ _ Large et très Lent

	Larghetto.	Un peu moins Lent.
	Lento sostenuto.	Lent et soutenu.
	Adagio.	Lent avec noblesse.
	Cantabile.	Un peu moins en chantant avec Grâce.
D..	Quels sont les mouvemens Modérés?	
R.	Andantino.	Diminutif d'Andante.
	Siciliano.	Même mouvement d'un Rythme plus marqué.
	Maestoso.	Majestueusement.
	Grazioso.	Avec Grâce.
	Andante.	Mouvement marqué.
	Allegietto ou All^{to}.	Moins vite que l'Andante.
	Tempo Giusto.	Mouvement convenable au morceau.
	Tempo di Marcia.	Mouvement de Marche.
	Moderato	Mouvement Modéré.
D.	Quels sont les mouvemens Vifs.	
R.	Allegro, ou All^o ma non troppo.	Moins vite que l'Allegro.
	Allegro ou All^o	Mouvement vif et gai qu'on peut accroître en y ajoutant les mots : — assai ou Vivace, ou molto, ou con moto.
	Presto.	Vite.
	Prestissimo.	très vite.

De la Nuance.

D.   Qu'entend-on par nuance ?

R.   C'est le degré de force ou de faiblesse que l'on donne au son.

D.   Comment sont-elles indiquées ?

R.   Par les signes en mots Italiens suivans :

Piano ou dolce par abréviation	P ou dol	Doux.
Pianissimo.	PP	très-doux.
Crescendo	cres.	En augmentant la force du son
Decrescendo	decres.	En diminuant la force du son.
Son, ou phrase filée		Réunion des deux signes précédens.
Mezzo forte	mF. ou mez F.	Demi-fort.
Forte	F	Fort.
Fortissimo	FF	très-fort.
Sforzando ou Rinforzando.	SF ou RF	En renforçant le son subitement.
Mezza voce ou sotto voce		a demi-voix
Smorzando ou dimuendo	Smorz. ou dim.	En diminuant le son peu à peu.
Calendo, perdendosi		

Des signes altératifs.

D. Quels sont les signes altératifs?

R. Le dièze, le bémol et le bécarre.

D. Combien y a-t-il de dièzes?

R. Sept.

D. Combien y a-t-il de bémols?

R. Sept.

D. Quel est l'ordre des dièzes?

R. De quinte en quinte en montant, et de quarte en quarte en descendant.

D. Quel est l'ordre des bémols?

R. De quinte en quinte en descendant, et de quarte en quarte en montant.

D. Où pose-t-on les dièzes?

R. Le 1er sur le fa, le 2ème sur le do, le 3ème sur le sol, le 4ème sur le ré, le 5ème sur le la, le 6ème sur le mi, le 7ème sur le si.

D. Où pose-t-on les bémols?

R. Le 1er sur le si, le 2ème sur le mi, le 3ème sur le la, le 4ème sur le ré, le 5ème sur le sol, le 6ème sur le do, le 7ème sur le fa.

Exemple des signes altératifs.

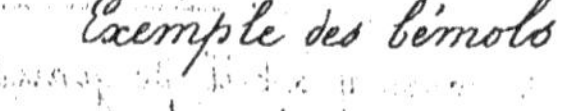

Exemple des dièzes. Exemple des bémols

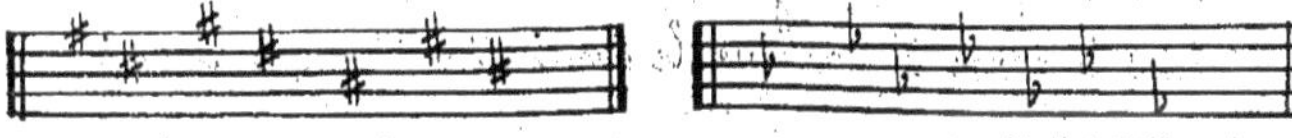

D. Qu'est-ce qu'une quinte?

R. C'est l'espace de cinq degrés ou de cinq notes.

D. Qu'est-ce qu'une quarte ?

R. C'est l'espace de quatre degrés ou de quatre notes.

D. Quel est l'effet d'un dièze devant une note naturelle ?

R. Il sert à élever le son d'un demi-ton.

D. Quel est l'effet du bémol devant une note naturelle ?

R. Il sert à baisser le son d'un demi-ton.

D. Emploie-t-on le double dièze et le double bémol ?

R. Oui, quand la note a été altérée par un dièze ou par un bémol.

D. Quel est l'effet du double dièze ?

R. Il sert à élever le son d'un ton.

D. Quel est l'effet du double bémol ?

R. Il sert à baisser le son d'un ton.

D. Comment faut-il que la note soit, pour pouvoir employer les dièzes ou les bémols ?

R. Il faut qu'elle soit naturelle.

D. Comment faut-il que la note soit, pour pouvoir employer le bécarre ?

R. Il faut qu'elle soit dièzée ou bémolisée.

Du Genre.

D. Combien y a-t-il de genres ?

R. Trois, le genre diatonique, le genre Chromatique, et le genre Enharmonique.

D. Qu'est-ce que le genre diatonique ?

R. C'est celui qui est composé de tons et demis-tons diatoniques.

Exemple du Genre Diatonique.

D. Qu'est-ce que le Genre Chromatique?

R. C'est celui qui se compose de notes diatoniques et Chromatiques.

Exemple du Genre Chromatique.

D. Qu'est-ce que le Genre Enharmonique?

R. C'est celui dans lequel on emploie des notes Synonimes.

Du Mode.

D. Combien y a-t-il de Modes?

R. Deux, le mode majeur et le Mode mineur.

D. Qu'entend-on par mode majeur?

R. Le mode est majeur lorsque la tonique est suivie d'une tièrce majeure.

D. Qu'entend on par mode mineur?

R. Le mode est mineur lorsque la tonique est suivie d'une tièrce mineure.

D. Comment distingue-t-on une tièrce majeure d'une tièrce — mineure?

R. La tièrce majeure est composée de deux tons et la tièrce — mineure d'un ton et demi.

D.   Qu'est-ce qui nous fait connaître le ton d'un mode quelconque ?

R.   C'est le nombre de dièzes où de bémols posés à la clef.

D.   Dans quel ton est-on lorsqu'il n'y a ni dièze ni bémol à la clef ?

R.   On est en do majeur ou en la mineur son relatif.

D.   Qu'est-ce qui nous fait connaître le mode majeur et le mode mineur ?

R.   C'est la tierce, qui nous indique qu'on est (par exemple) en do quand elle est majeure; et qu'on est en la, quand elle est mineure.

D.   Quels sont les tons du mode majeur qui suivent le ton de Do ?

R.   Ce sont les tons, sol, ré, la, mi, si, fa dièze.

D.   Quels sont les tons du mode mineur qui suivent le ton de La ?

R.   Ce sont les tons, mi, si, fa dièze, do dièze, sol dièze, ré dièze.

D.   Dans quel ton est-on lorsqu'il y a un dièze à la clef ?

R.   On est en sol majeur où en mi mineur son relatif.

D.   Qu'est-ce qui nous fait connaître qu'on est en sol majeur ?

R.   C'est quand la tierce est majeure.

D.   Qu'est-ce qui nous fait connaître qu'on est en mi mineur ?

R.   C'est quand la tierce est mineure.

D.   Quelle est la règle qui nous fait connaître la première tonique du mode majeur avec des dièzes ?

R.   C'est le dernier dièze posé à la clef qui sert de note sensible à cette tonique.

D. Cette règle est elle la même pour les modes mineurs relatifs?

R. Non, la première tonique du mode mineur se trouve un degré plus bas que le dernier dièze posé à la clef.

D. Dans quel ton est on lorsqu'il y a un bémol à la clef?

R. On est en Fa majeur ou en son relatif ré mineur.

D. Qu'est ce qui nous fait connaître qu'on est en Fa majeur?

R. C'est quand la tierce est majeure.

D. Qu'est-ce qui nous fait connaître qu'on est en ré mineur?

R. C'est quand la tierce est mineure.

D. Quelle est la règle qui nous fait connaître la première tonique du mode majeur avec des bémols?

R. C'est le dernier bémol posé à la clef qui indique que cette tonique doit être quatre degrés plus basse que lui.

D. Quels sont les tons du majeur qui suivent le ton de Fa?

R. Ce sont les tons: si b, mi b, la b, ré b, sol b, do b.

D. Quels sont les tons du mode mineur qui suivent le ton de ré?

R. Ce sont les tons: sol, do, fa, si b, mi b, la b.

D. Quelle est la règle qui nous fait connaître la première tonique du mode mineur avec des bémols?

R. C'est le dernier bémol posé à la clef qui indique que cette tonique doit être six degrés plus bas que lui.

D. De combien le mode mineur avec des bémols se trouve-t-il éloigné du mode majeur?

R. D'une tierce mineure.

———————

Tableau des tons diézés et bémolisés pour les Modes Majeurs et mineurs.

Exemple des toniques placées au dessus et dessous du dernier dièze.

Exemple des toniques placées au dessous du dernier bémol.

De la Gamme.

D.   Qu'est ce qu'une gamme ?

R.   C'est l'étendue de la voix et des sons des divers instrumens depuis le grave jusqu'à l'aigu.

D.   Comment écrit-on une gamme ?

R.   Par les sept notes : do, ré, mi, fa, sol, la, si .

D.   De combien de tons et demi-tons se compose une Gamme ?

R.   De cinq tons et deux demi-tons, lorsqu'on y joint l'octave qui n'est que la répétition du premier son.

D.   Comment nomme-t-on les cinq tons ?

R.   Do, ré, fa, sol, la .

D.   Comment nomme t-on les deux demi-tons ?

R.   Mi et si .

D.   Sur quels degrés sont ils placés ?

R.   On place le do sur le premier degré, ré sur le 2ème, mi sur le 3ème, fa sur le 4ème, sol sur le 5ème, la sur le 6ème, et si sur le 7ème.

Exemple de la Gamme.

D.   De combien de manières exerce-t-on la Gamme?

R.   De trois manières qui sont solfier, Vocaliser, Chanter.

D.   Que veut dire solfier?

R.   C'est nommer la note par son nom propre en chantant.

D.   Que veut dire Vocaliser?

R.   C'est proférer les sons sur une seule syllabe.

D.   Que veut dire Chanter?

R.   C'est chanter la note en y émettant des paroles.

Exemple pour exercer les trois Gammes.

Solfier

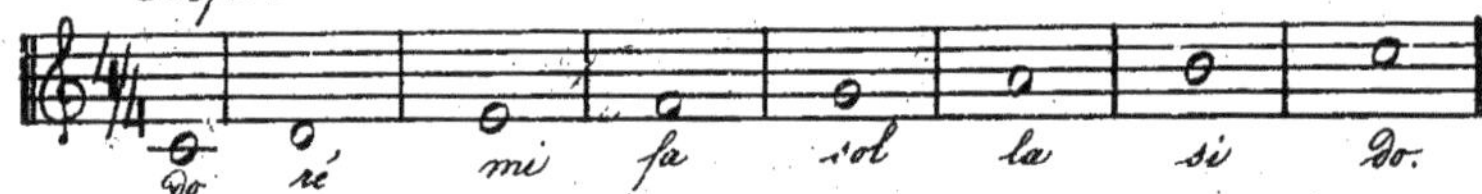

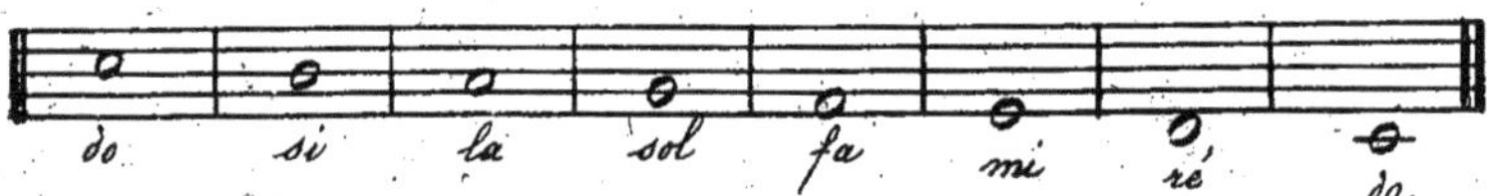

Vocaliser

Vocaliser.

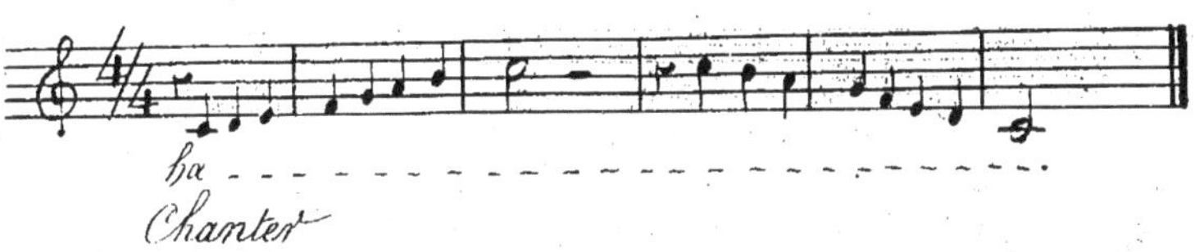

Chanter

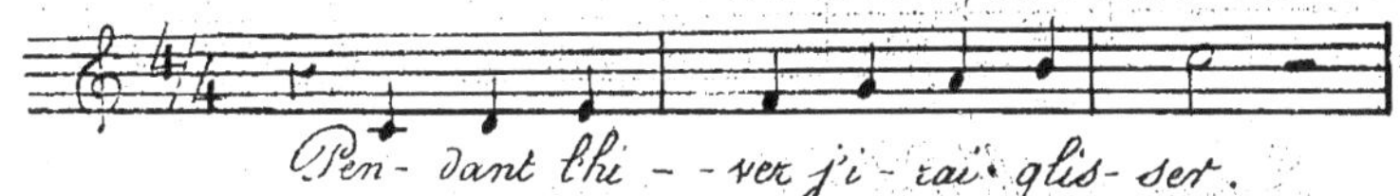

Gamme par Rondes et le silence d'une Pause.

Gamme avec deux noires sur le même degré.

Gamme par noires et le silence d'un soupir.

Gamme par Rondes, Blanches, noires alternativement.

Gamme par blanches, noires, croches alternativement

Nº 7

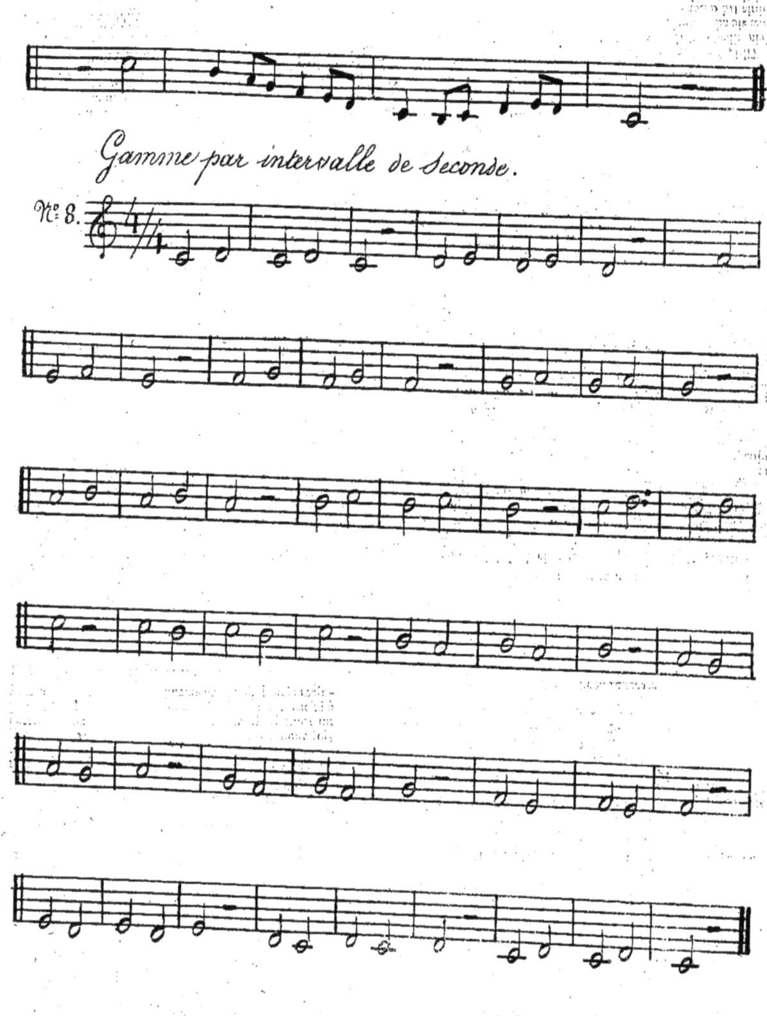
Gamme par intervalle de seconde.
N.º 8.

Gamme par intervalle de tierce.
N.º 9.
Gamme par intervalle de quarte.
N.º 10.

(54.)

Gamme par intervalle de Sixte.
N° 12.
4/4

Gamme par intervalle de septième.
Nᵒ 13

Gamme par intervalle d'octave.
Nº 14

Nᵒ 15.
I
Nᵒ 16.
Nᵒ 17.
Nᵒ 18.

Nᵒ 19
Nᵒ 20

Gamme avec croches.
Nº 21.
Nº 22.

Nº 23.
4/4
Nº 24.
4/4

Nº 25
Nº 26

Nº 27
I
Nº 28

Nᵒ 29.
Nᵒ 30.
Nᵒ 31.

(65.)

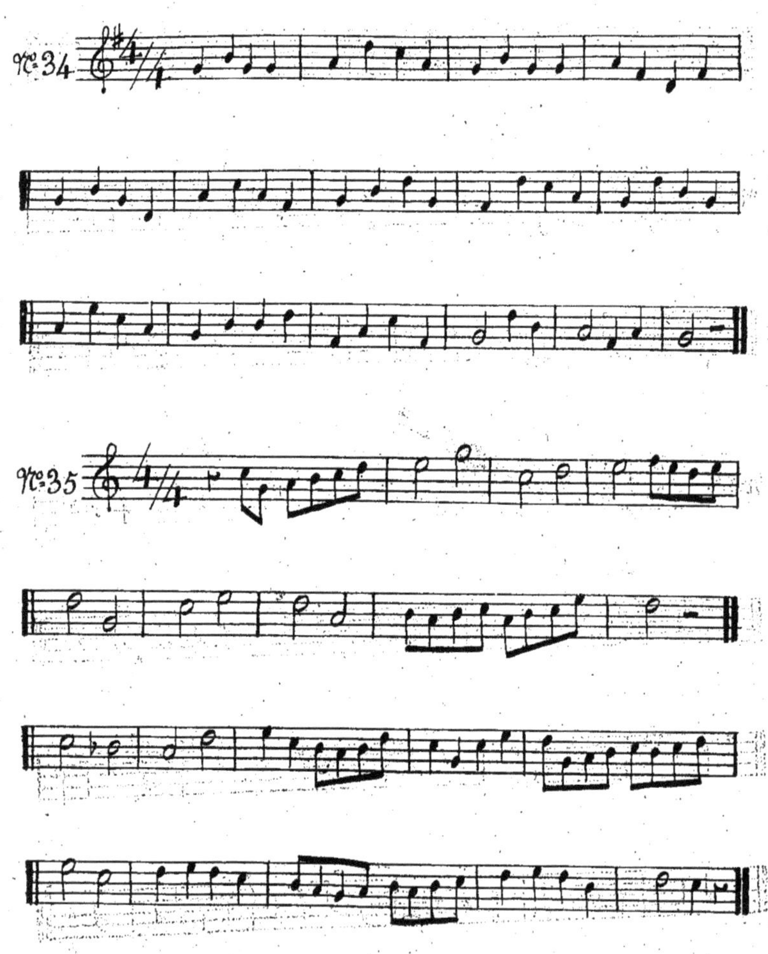

N.° 34
N.° 35

Nᵒ 36
Nᵒ 37

Nº 38

No 39

Exercices des notes pointées.
Nº 42
Noires pointées.
Nº 43

Blanches et Pointées
N.º 44
4/4
N.º 45
4/4

Nº 46
Nº 47

Nº 48

N.º 49.
N.º 50
N.º 51

No. 52

Exercice avec Noires pour la Mesure a 2/4.

Nᵒ 53

Exercices avec Noires et croches.

Nᵒ 54

(78.)

Combinaison de croches et de doubles Croches.
Nº 57.

No. 58

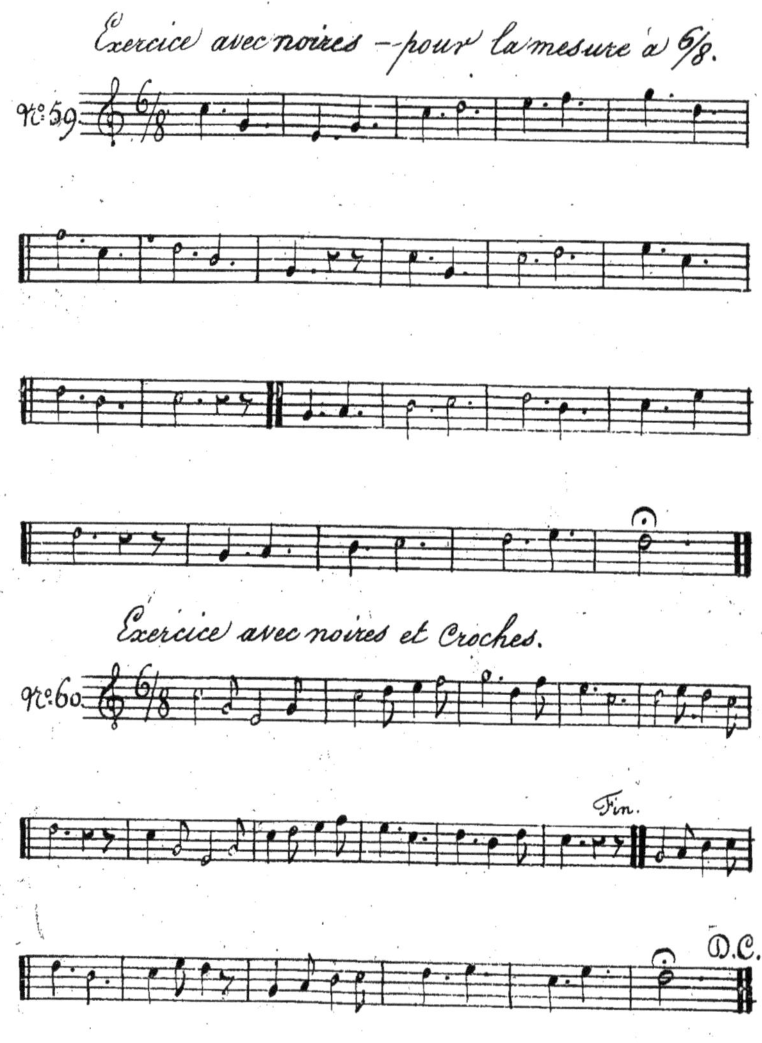
Exercice avec noires — pour la mesure à 6/8.
Nº 59
Exercice avec noires et Croches.
Nº 60
Fin.
D.C.

(83.)

N:o 64.
Fin.
D.C.

(85.)

Syncopes prolongées avec des Blanches.
Nᵒ 65
Syncopes avec Blanches et Noires.
Nᵒ 66
Nᵒ 67

No 68
No 69

Nᵒ 70
Exercices avec Blanches pour la mesure a 3/4
Nᵒ 71

(88.)

D.C.

Exercices avec Noires pour la mesure a 3 tems.

N.º 72

N.° 73.
N.° 74.
N.° 75.

Nᵒ 76
3/4

No. 77
Exercice pour la syncope brisée.
No. 78

Nº 79.
Nº 80.
Volti Subito

Nᵒ 81.

N.º 82.

Nº 83.
Nº 84.

No 85

Nº 87.

Exercice avec Croches et Noires pour la mesure à 12/8.
N°88.
12/8

2